AS 30 ORAÇÕES MAIS PODEROSAS PARA A PROSPERIDADE

AS 30 ORAÇÕES MAIS PODEROSAS PARA A PROSPERIDADE

— MARIKA DE MONTALBAN —

petra

Título original: *Les plus puissantes prièses pour l'argent*

CIP-BRASIL. CATALOGAÇÃO NA PUBLICAÇÃO
SINDICATO NACIONAL DOS EDITORES DE LIVROS, RJ

M763t Montalban, Marika de
As 30 orações mais poderosas para a prosperidade / Marika de Montalban; tradução Stephania Matousek. – 1. ed. – Rio de Janeiro: Petra, 2016.
112 p.

Tradução de: Les 30 plus puissantes prières pour l'argent
ISBN 9788582780381

1. Orações. 2. Vida cristã. 3. Fé. I. Título.

CDD: 242.8
16-32627 CDU: 27-534.3

Petra Editora
Rua Nova Jerusalém, 345 – Bonsucesso – 21042-235
Rio de Janeiro – RJ – Brasil
Tel.: (21) 3882-8200 – Fax: (21) 3882-8212/8313

Sumário

INTRODUÇÃO

Dizem que o dinheiro não traz felicidade. Mas podemos acrescentar, sem ferir o bom senso: "Para quem não tem!"

Hoje, quem não tem uma renda mínima encontra-se jogado na rua, passando fome e frio, excluído de uma sociedade em que o dinheiro impera.

O dinheiro em si não é nem bom, nem mau. Ele é o que nós fazemos com ele, como uma faca: você pode utilizá-la para sacrificar um inocente... ou para preparar um sanduíche a alguém que esteja com fome.

Porém, o dinheiro não cai do céu para a nossa carteira ou nossa conta bancária: a principal fonte dele é o trabalho. Aqueles que contam com ganhos de jogo estão comprando uma ilusão de algumas horas. É por isso que o jogo não será o tema principal deste livro. Daremos algumas dicas, mas vamos priorizar as orações que buscam a graça de ganhar melhor a vida, o que envolve vocação, entrevistas de emprego, mudança de trabalho etc., mas também uma "limpeza" de tudo o que há de ruim.

CONSELHOS

As orações têm a mesma eficácia, quer na presença ou não da pessoa; muitas curas se realizam a distância, ao telefone, por exemplo. A única diferença é de ordem psicológica, tanto para aquele que é instrumento de cura (sobretudo se for iniciante) quanto para o doente. Algumas orações funcionam maravilhosamente bem para uns e não para outros, sem que haja a menor explicação lógica. É assim: "Os caminhos de Deus permanecem impenetráveis e incompreensíveis para nós, pobres humanos!"

Com relação ao sinal da cruz, acrescentamos as funções de cada um: Deus é o Criador; o Espírito Santo é o Consolador; Jesus Cristo é o Redentor e Maria é a Mãe de Deus, Rainha do Céu, pois ela permaneceu muito próxima da humanidade e não pede outra coisa, senão nos ajudar... contanto que nós lhe peçamos ajuda.

Nos Evangelhos, foi São José quem alimentou Jesus e sua Mãe ao trabalhar arduamente com as próprias mãos como carpinteiro. Ele é o santo padroeiro do trabalho e, por isso, pode ser invocado com frequência.

Para garantir que o nosso pedido esteja realmente de acordo com a Lei Divina, cada oração começa pela invocação chamada *Orações de abertura*.

Como convém igualmente "limpar o terreno" em si e ao redor para que as orações possam intervir da forma mais eficiente possível, eliminando tudo o que nos impede de seguir em frente (inclusive magia, bruxaria, maldição...), acrescentamos o exorcismo de Santo Antônio de Pádua, considerado um dos mais poderosos do mundo.

Sem dúvida é permitido fazer orações pelos outros — como para crianças e pessoas doentes, inconscientes ou incapazes de tomar decisões por conta própria, ou simplesmente para quem lhe pedir orações —, mas é intolerável querer impor um estilo de vida a alguém, muitas vezes acompanhado por aquele orgulho insuportável que muitos têm, fazendo-os pensar que sabem mais do que qualquer um o que é bom ou ruim para cada pessoa. Um número demasiado grande de pais procura fazer com que os filhos vivam o que eles mesmos não puderam (ou não souberam) realizar.

Reunimos também para você as orações mais poderosas e eficazes envolvendo tudo o que diz respeito ao trabalho, com frequência juntando-as aos "segredos" da cura e à invocação de diferentes santos e santas.

Resumindo: as orações também podem ser tão simples (e eficazes!) quanto um telefonema: basta encontrar o interlocutor certo. É por isso que pedimos a intervenção de todos lá em cima!

PREFÁCIO

Por trás da palavra "dinheiro" se escondem muitos símbolos e diversas realidades.

Um pouco de história: durante milênios, as civilizações antigas praticaram o escambo; uma pessoa trocava um objeto que possuía por outro que ela cobiçava de alguém. Bastava cada uma das partes aceitar a equivalência. Porém, com o surgimento de civilizações organizadas, os escribas precisaram de um sistema de referência único para registrar as contas do império.

Se muitas civilizações recorreram a conchas como moeda de troca (ainda hoje isso acontece no Pacífico), os impérios mediterrâneos preferiram a prata, o cobre e, acima de tudo, o ouro; é por isso que ele ainda é a referência. A razão disso está no fato de o ouro não ser um metal banal: ao mesmo tempo nobre e perfeitamente maleável, ele existe em quantidade incomumente elevada na Terra com relação aos outros; o ouro provém da explosão de supernovas (estrelas em fim de vida) ou do enorme choque entre duas estrelas de nêutrons, o que lhe dá uma origem cósmica misteriosa.

Ele está associado ao Sol por sua cor e brilho e é venerado como tal, em especial na forma de joias, durante muito tempo reservadas às personalidades mais elevadas dos impérios.

No século VII a.C., os lídios, que habitavam a Ásia Menor (atual Turquia), cunharam uma moeda que aliou o ouro e a prata. Mais tarde, seu uso se difundiu em todos os países mediterrâneos e europeus.

Na Idade Média, Veneza fundamentou sua prosperidade sobre a arbitragem entre os comércios do ouro e da prata.

Em 1870, o ouro se tornou a única referência monetária, primeiramente no Reino Unido e depois no mundo inteiro, até 1976, quando o Fundo Monetário Internacional o desmonetizou em proveito de um papel-moeda, o dólar. Porém, embora não tenha mais uma função oficial, o ouro permanece acumulado nos subsolos dos bancos e do Fort Knox, nos Estados Unidos.

O elemento continua muito presente nas joias e medalhas esportivas.

Os primeiros papéis-moedas surgiram com as Cruzadas, em especial com os templários. Encarregados de garantir a segurança militar dos cruzados e peregrinos, eles recebiam, na Europa, o dinheiro daqueles que partiam para a Terra Santa mediante um recibo, o qual era apresentado, quando chegava-se ao destino, a outros templários, que lhes davam o dinheiro em troca.

Daí em diante, o papel-moeda se desenvolveu continuamente. Porém, para que o sistema funcionasse corretamente, era necessário que sempre houvesse o equivalente em ouro nos cofres, ao menos até 1976. Depois, tudo se tornou especulativo, e assim a equivalência das moedas entre si entrou em vigor. Desde então, impera a lei do mais forte: continuamos comprando petróleo em dólares!

Com o uso da moeda eletrônica, é ainda pior: o dinheiro não tem mais existência real. Enquanto, antigamente, os cheques e os fundos circulavam fisicamente de um banco para o outro, hoje as trocas são virtuais e se dão com dois cliques do mouse. Se um único bilionário fosse retirar toda a sua fortuna em notas de dinheiro, o banco imediatamente iria à falência, tão frágil é nosso atual sistema monetário. E quando realizamos empréstimos, estes não passam de números em uma tela.

Com as bolsas de valores, o potencial do dinheiro se tornou inclusive diabólico, visto que, com dois cliques do mouse, um corretor de Londres ou de Nova York (ou de outra bolsa de valores internacional) pode fazer milhares de pessoas pobres passarem fome em qualquer lugar do planeta, especulando o valor do arroz ou do trigo para ganhar milhões em alguns segundos. Entretanto, esse dinheiro não existe materialmente, e é aí que mora o perigo. Vê-se muito bem, com os problemas europeus (e mundiais), que estamos rumando para uma catástrofe. E há grandes chances de que a previsão dessa quebra seja o que faz os bancos, dissimulando-se por trás de empresas fictícias, comprarem o seu ouro por um preço cada vez mais alto, provocando assaltos cada vez mais frequentes (e violentos) nas joalherias.

Contudo, somos totalmente impotentes e extremamente dependentes do sistema: é impossível fugir dele, a menos que você viva de forma autossuficiente para se alimentar e para todas as outras necessidades, pois vemos muito bem que estamos indo todos à bancarrota. Está cada vez mais difícil pagar de outra forma que não seja com o cartão de crédito. Os bancos estão falando em acabar com os cheques (por que eles são de graça?), há cada vez menos funcionários nas agências para nos dar dinheiro em espécie e, em breve, não haverá mais ninguém. E se você quiser ir ao caixa eletrônico... precisa de um cartão!

Os canadenses acabaram de aperfeiçoar um sistema de chips eletrônicos colocados sob a pele (da mão ou da fronte) que substituirá, no curto prazo, os cartões bancários... sem comentários!

Porém, como nem eu e nem você temos como viver fora do sistema, cultivando os nossos legumes e tecendo as nossas roupas, é preciso, de fato, sobreviver neste mundo.

Então, o que fazer? A resposta é: ganhar a vida honestamente. Porque, deste modo, o dinheiro que vem até você lhe é devido. Para isto, há um exército nos céus disposto a nos ajudar.

ORAÇÕES GERAIS

AÇÃO DE GRAÇA

Deve ser recitada após ter um pedido atendido.

Agradeço ao Senhor, meu Deus, Pai Criador, e a vós, Maria, Virgem Celeste, a vós também, Jesus, Seu Filho Divino, e a todos os santos e santas que intercederam junto a Deus para que meu pedido fosse atendido.

Grande é a minha alegria no dia de hoje, e transbordando de amor está meu coração!

Direi a todos: "Ó meu Deus, como são belas a generosidade e a indulgência que demonstrais pelos Vossos filhos."

Continuarei a louvar o Vosso nome por meio dos meus pensamentos, palavras e atos, até a hora da minha morte.

† Em nome do Pai Criador,
† Em nome do Cristo Redentor,
† Em nome do Espírito Santo Consolador,
† Em nome da Mãe de Deus, Rainha do Céu,
Amém!

ANJO DA GUARDA

Cada um, ao nascer, é colocado por Deus sob a proteção de um anjo da guarda que lhe é especialmente atribuído. Ele tem como missão, a princípio, preservar-nos da morte e de acidentes graves enquanto a nossa hora não tiver chegado. Porém, se quisermos que nosso anjo faça mais por nós e nos ajude na vida cotidiana (o que lhe agrada muito), convém pedir-lhe.

Oração de abertura. Depois:

Santo Anjo do Senhor, meu zeloso guardador, se a ti me confiou a Piedade Divina, sempre me rege, me guarda, me governa e me ilumina, hoje e em todos os dias da minha vida, até a hora da minha morte.

Anjo de Deus, tão paciente e tão caridoso, conduz minha vida pelos atalhos de Deus, como a ti peço hoje; ilumina meu caminho a fim de que eu não incorra em pecado nem em sofrimento; protege-me dos meus inimigos e de suas artimanhas, protege minha alma, meu coração e meu corpo de tudo o que ofenda o Senhor e me afaste do paraíso. Faz com que toda a minha vida, todas as minhas ações sejam um exemplo, uma luz para os outros, um santuário como Deus quer.

E, no dia da minha morte, conduz-me com mão firme rumo aos Campos Verdejantes, se Deus quiser!

Eu te peço:

† Em nome do Pai Criador,
† Em nome do Cristo Redentor,
† Em nome do Espírito Santo Consolador,
† Em nome da Mãe de Deus Rainha do Céu,
Amém!

ANJOS

(Apelo ao anjo da guarda, aos outros anjos e às hierarquias celestes)

(Oração para obter uma proteção mais poderosa em situações especialmente perigosas ou difíceis.)

É mencionada nesta oração uma parte das hierarquias mais elevadas de Deus, em ordem decrescente, de Deus aos homens: serafins, querubins, tronos, dominações, virtudes celestiais, potestades, principados, arcanjos e anjos.

Oração de abertura. Depois:

Santo Anjo do Senhor, meu zeloso guardador, se a ti me confiou a Piedade Divina, tem a bondade, durante o dia de hoje (ou esta noite, ou a cada instante), de me reger, guardar, governar e iluminar: ajuda-me em meus problemas. (*Indicar o motivo do pedido.*)

Também vos rogo:

Serafins ardentes, incendiai-me de amor pelo Criador!

Querubins sapientíssimos, ensinai-me!

Tronos supremos, pacificai-me!

Dominações elevadíssimas, comandai-me!
Virtudes celestiais, fortificai-me!
Potestades invisíveis, defendei-me!
Principados soberanos, governai-me!
Arcanjos nobilíssimos, regei-me!

Anjos santíssimos, guardai-me, para que eu possa servir, bendizer e glorificar à Santíssima Trindade, agora e sempre, por todos os séculos dos séculos,

Amém!

Eu Vos rogo:

† Em nome do Pai Criador,
† Em nome do Cristo Redentor,
† Em nome do Espírito Santo Consolador,
† Em nome da Mãe de Deus, Rainha do Céu,
Amém!

Sede bendito, ó Jesus!
Sede louvado!
Sede adorado para sempre!

Bondoso Salvador, lançai sobre mim um olhar favorável!

Ó Vós, que, durante a Vossa vida mortal, consolou todas as misérias, tende piedade de mim!

Viestes à terra para salvar as almas; não deixai a minha sucumbir!

Ó Jesus, uma única gota do Vosso sangue bastaria para lavar todos os pecados do mundo. Assim, lavai-me cada vez mais das minhas ofensas e devolvei-me a inocência do cordeiro!

Fazei com que eu Vos ame, ó meu Salvador, fazei com que eu realize a Vossa vontade e me torne agradável aos Vossos olhos!

Ó meu Jesus, tende piedade de mim!

Ó meu bom Senhor, afastai da minha casa os seres maléficos que não falam por Vós!

Eu Vos rogo:

† Em nome do Pai Criador,
† Em nome do Cristo Redentor,
† Em nome do Espírito Santo Consolador,
† Em nome da Mãe de Deus, Rainha do Céu,
Amém!

AVE-MARIA

Ave, Maria, cheia de graça.
O Senhor é convosco,
Bendita sois vós entre as mulheres,
E bendito é o fruto do vosso ventre, Jesus.
Santa Maria, Mãe de Deus,
Rogai por nós, pecadores,
Agora e na hora da nossa morte.
Amém!

PAI-NOSSO

Pai nosso, que estais nos céus,
Santificado seja o Vosso nome.
Venha a nós o Vosso Reino.
Seja feita a Vossa vontade
Assim na terra como no céu.
O pão nosso de cada dia nos dai hoje,
Perdoai as nossas ofensas
Assim como nós perdoamos a quem nos tem ofendido,
E não nos deixeis cair em tentação,
Mas livrai-nos do mal.
Amém!

ORAÇÕES DE ABERTURA

Devem ser feitas sistematicamente antes de cada oração.

ORAÇÃO A DEUS:

Meu Senhor e meu Deus,
Se for conforme a Vossa vontade e a Vossa justiça,
Se for benéfico para a Vossa criatura e sua evolução,
Se não prejudicar quem Vós não quiserdes,
Recebei a minha oração e ajudai-me!
Pelo Cristo, nosso Salvador,
Amém!

Faça, em seguida, o sinal da cruz. Então:

EXORCISMO DE SANTO ANTÔNIO DE PÁDUA

Aconselha-se fazê-lo uma vez para si mesmo e, se estiver fazendo a oração para alguém, na própria pessoa, caso ela esteja presente, ou pensando intensamente nela.

††† Mal, de onde quer que venhas, quem quer que sejas,
Eu te ordeno, em nome Daquele diante de quem todos se ajoelham,
No céu, na terra e até no inferno,

Deixe... (*dizer o nome da pessoa ou o seu*),

Que é uma criatura de Deus;

Se tu és vítima, seja libertado para sempre, perdoado e protegido,

Se tu és mau,

Vai-te, eu te expulso, volta de onde vens e leva contigo o mal que fizeste.

Pela minha boca, Deus o ordena,

† Em nome do Pai Criador,
† Em nome do Cristo Redentor,
† Em nome do Espírito Santo Consolador,
† Em nome da Mãe de Deus, Rainha do Céu,
Amém!

† Eis a cruz do Senhor,
† Fugi, forças inimigas,
† Venceu o leão da tribo de Judá,
† O descendente de Davi.
† Aleluia! Aleluia! Aleluia!

Santo Antônio de Pádua, afugentai os demônios e orai por nós para que sejamos dignos do perdão de Jesus Cristo!

Dos embustes do demônio, livrai-nos, grande Santo Antônio,

E permiti que subjuguemos todo mal, para que nos tornemos dignos das promessas de Jesus Cristo,

Se Deus quiser!

Eu Vos rogo:

† Em nome do Pai Criador,
† Em nome do Cristo Redentor,
† Em nome do Espírito Santo Consolador,
† Em nome da Mãe de Deus Rainha do Céu,
Amém!

ENRIQUECER PELO TRABALHO

A melhor maneira de enriquecer é, obviamente, pelo trabalho, mesmo que, nos dias de hoje, isso não seja fácil. Mais uma razão para pedir auxílio com esse objetivo!

ARTESÃOS

Senhor, tende piedade de nós!

Cristo, tende piedade de nós!

Senhor, tende piedade de nós!

Glória a Deus nas alturas e paz na terra para os homens de boa vontade!

Oremos: Senhor, ouvi minhas palavras, escutai meus gemidos! Atendei a voz de minha prece, ó meu rei, ó meu Deus. É a Vós que eu invoco, Senhor, desde a manhã; escutai a minha voz porque desde o raiar do dia Vos apresento minha súplica e espero. Pois Vós não sois um Deus a quem agrade o mal. O mau não poderia morar junto de Vós; os ímpios não podem resistir ao Vosso olhar. Detestais a todos os que praticam o mal, fazeis perecer aqueles que mentem, o homem cruel e iníquo Vos é abominável, ó Senhor!

Mas eu, graças à Vossa grande bondade, entrarei em Vossa casa. Prostrar-me-ei em Vosso santuário, com o respeito que Vos é devido, Senhor!

Conduzi-me pelas sendas da justiça, por causa de meus inimigos; aplainai, para mim, Vosso caminho. Porque em seus lábios não há sinceridade, seus corações só urdem projetos ardilosos! A garganta deles é como um sepulcro caiado, com a língua distribuem lisonjas!

Deixai-os, Senhor, prenderem-se nos seus erros, que suas maquinações malogrem! Por causa do número de seus crimes, rejeitai-os, pois é contra Vós que se revoltaram!

Regozijam-se, pelo contrário, os que em Vós confiam, permanecem para sempre na alegria. Protegei-os e triunfarão em Vós os que amam Vosso nome!

Pois Vós, Senhor, abençoais o justo; Vossa benevolência, como um escudo, o cobrirá!

Pai nosso, que estais nos céus,
Santificado seja o Vosso nome.
Venha a nós o Vosso Reino.
Seja feita a Vossa vontade
Assim na terra como no céu.
O pão nosso de cada dia nos dai hoje,
Perdoai as nossas ofensas
Assim como nós perdoamos a quem nos tem ofendido,
E não nos deixeis cair em tentação,
Mas livrai-nos do mal.
Amém!

Ave, Maria, cheia de graça.
O Senhor é convosco,
Bendita sois vós entre as mulheres,
E bendito é o fruto do vosso ventre, Jesus.
Santa Maria, Mãe de Deus,
Rogai por nós, pecadores,
Agora e na hora da nossa morte.
Amém!

BONS NEGÓCIOS NO COMÉRCIO

Ó Deus, vinde em meu auxílio!
Senhor, socorrei-me sem demora!

† Glória ao Pai Criador, Senhor soberano de todas as coisas,

† Glória ao Cristo Redentor, que ressuscitou dentre os mortos,

† Glória ao Espírito Santo Consolador,

† Glória à Mãe de Deus, Rainha do Céu,

Assim como era no princípio, agora e sempre, e por todos os séculos dos séculos. Amém.

Senhor, tende piedade de nós!
Cristo, tende piedade de nós!
Senhor, tende piedade de nós!

Pai nosso, que estais nos céus,
Santificado seja o Vosso nome!
Venha a nós o Vosso Reino!
Seja feita a Vossa vontade
Assim na terra como no céu.
O pão nosso de cada dia nos dai hoje,
Perdoai as nossas ofensas
Assim como nós perdoamos a quem nos tem ofendido,
E não nos deixeis cair em tentação,
Mas livrai-nos do mal.

Nós Vos rogamos:

† Em nome do Pai Criador,
† Em nome do Cristo Redentor,
† Em nome do Espírito Santo Consolador,
† Em nome da Mãe de Deus, Rainha do Céu,
Amém!

Que a bem-aventurada Virgem Maria, nossa doce Mãe do Céu e Mãe Divina de todos os santos e santas, interceda por nós junto a Seu Filho Divino, Nosso Senhor.

Defendei-nos, Senhor, nós Vos suplicamos, de todos os perigos do corpo e da alma.

Que o socorro divino esteja sempre ao nosso lado.

Senhor, Vós me conheceis e sabeis que o meu comércio é honesto: eu compro e vendo, preocupo-me com as necessidades dos outros, faço questão de atendê-las, e o dinheiro que eu guardo comigo serve para botar boa comida na mesa da minha família.

Abençoai o meu trabalho, Senhor, pois eu o faço de todo o coração e com toda a minha alma, respeitando os outros. E Vós sabeis bem, Senhor, que sempre há um prato de comida para o pobre à minha mesa.

Abençoai-me, Senhor, e olhai com ternura o fruto do meu labor.

Eu Vos peço:

† Em nome do Pai Criador,
† Em nome do Cristo Redentor,
† Em nome do Espírito Santo Consolador,
† Em nome da Mãe de Deus, Rainha do Céu,
Amém!

COLHEITAS

(Para ter boas safras)

Oração de abertura. Depois:

Abençoai-nos, Senhor, e tende piedade de nós.

Fazei resplandecer sobre nós a luz da Vossa face e tende piedade de nós.

Para que se conheçam na terra os Vossos caminhos. Que todos os povos Vos glorifiquem!

Alegrem-se e exultem as nações, porquanto com equidade regeis os povos e dirigis as nações sobre a terra!

Que os povos Vos louvem, ó Deus!

A terra deu o seu fruto, abençoou-nos o Senhor, nosso Deus.

Que o reverenciem até os confins da terra!

Bendize, ó minha alma, o Salvador! Senhor, meu Deus, Vós sois imensamente grande! De majestade e esplendor Vos revestis, envolvido de luz. Vós estendestes o céu qual pavilhão; andais nas asas do vento.

Fazeis dos flamejantes relâmpagos Vossos ministros. Fundastes a terra em bases sólidas que são eternamente inabaláveis.

As águas ultrapassavam as montanhas. Mas, à Vossa ameaça, elas se afastaram, estremecendo. Elevaram-se as montanhas, sulcaram-se os vales. Estabelecestes os limites das águas, para que não mais tornem a cobrir a terra.

Mandastes as fontes correr em riachos por entre os montes. Ali vão beber os animais dos campos. Os pássaros do céu vêm aninhar em suas margens e cantam entre as folhagens.

Derramais a chuva nas montanhas, do fruto de Vossas obras se farta a terra.

Fazeis brotar a relva para o gado.

Da terra se extraem o pão e o vinho que alegram o coração do homem, e Vós lhe dais o óleo e o pão.

Os cedros do Líbano são cheios de seiva. Lá constroem as aves os seus ninhos, nos ciprestes a cegonha tem sua casa.

Os altos montes dão abrigo às cabras.

Fizestes a lua e o sol. Mal estendeis as trevas e já se faz noite, entram a rondar os animais das selvas. Rugem os leõezinhos por sua presa e pedem a Deus o seu sustento, mas se retiram ao raiar do sol.

É então que o homem sai para o trabalho até o entardecer.

Ó Senhor, quão variadas são as Vossas obras! A terra está cheia das coisas que criastes!

Eis o mar, imenso e vasto, onde pululam os animais! Nele navegam as naus e o Leviatã que criastes para brincar nas ondas. Todos esses seres esperam de Vós que lhes deis de comer. Vós lhes dais, e eles se fartam de bens!

Se lhes retirais o sopro, expiram e voltam ao pó donde saíram. Se enviais, porém, o Vosso sopro, eles revivem, e renovais a face da terra!

Ao Senhor, glória eterna; alegre-se o Senhor em Suas obras! Ele, Cujo olhar basta para fazer tremer a terra, e Cujo contato inflama as montanhas!

Enquanto viver, cantarei à glória do Senhor, salmodiarei ao meu Deus enquanto existir. Minha única alegria se encontra no Senhor!

Sejam tirados da terra os pecadores e doravante desapareçam os ímpios!

Abençoai a minha alma, ó Senhor, e abençoai o trabalho das nossas mãos, fazei frutificar as nossas terras, nascer os frutos e crescer o nosso gado, para que nós possamos Vos louvar toda manhã e Vos bendizer à noite!

Nós Vos rogamos:

† Em nome do Pai Criador,
† Em nome do Cristo Redentor,
† Em nome do Espírito Santo Consolador,
† Em nome da Mãe de Deus, Rainha do Céu,
Amém!

ENTREVISTA DE EMPREGO

O mais importante não é ter aquele trabalho que você ambiciona, mas, acima de tudo, encontrar a adequação perfeita entre as suas capacidades e o cargo. Também é preciso levar em conta a sua evolução dentro da empresa, a harmonia ou desarmonia entre os colegas. É por isso que esta oração leva em consideração todo o contexto e pode evitar as perdas de tempo que ocorreriam, por exemplo, se você fizesse uma má escolha.

SANTO EXPEDITO é famoso por interceder muito rapidamente. Ele é tanto o santo padroeiro das causas urgentes quanto o santo padroeiro da juventude.

Expedito era um legionário romano que liderou seis mil cristãos da Armênia. Convertido ao cristianismo, ele se recusou a abjurar sua fé e, por isso, foi flagelado e depois decapitado.

Oração de abertura. Depois:

Senhor, tende piedade de mim.
Jesus Cristo, tende piedade de mim.
Senhor, tende piedade de mim.
Jesus Cristo, ouvi-me.
Jesus Cristo, atendei-me.
Pai Celeste, que sois Deus, tende piedade de mim.

Deus Filho, Redentor do mundo, tende piedade de mim.

Deus Espírito Santo, que sois Deus, tende piedade de mim.

Santa Trindade, que sois um único Deus, tende piedade de mim.

Santa Maria, Rainha dos mártires, rogai por mim.

Santo Expedito, invencível atleta da fé, rogai por mim.

Santo Expedito, fiel até a morte, rogai por mim.

Santo Expedito, que tudo perdestes para ganhar Jesus Cristo, rogai por mim.

Santo Expedito, que sofrestes os golpes da chibata até sangrar, rogai por mim.

Santo Expedito, que perecestes gloriosamente pela espada, rogai por mim.

Santo Expedito, que recebestes do Senhor a coroa de justiça que Ele prometeu aos que O amam, rogai por mim.

Santo Expedito, patrono da juventude, rogai por mim.

Santo Expedito, auxílio dos estudantes, rogai por mim.

Santo Expedito, modelo dos soldados, rogai por mim.

Santo Expedito, protetor dos viajantes, rogai por mim.

Santo Expedito, advogado dos pecadores, rogai por mim.

Santo Expedito, salvação dos doentes, rogai por mim.

Santo Expedito, consolador dos aflitos, rogai por mim.

Santo Expedito, mediador dos pleitos, rogai por mim.

Santo Expedito, nosso socorro nas questões urgentes, rogai por mim.

Santo Expedito, sustentáculo fidelíssimo de todos os que esperam em vós, rogai por mim.

Santo Expedito, eu vos suplico, não deixeis para o dia seguinte o que podeis fazer hoje, vinde em meu auxílio.

Cordeiro de Deus, que tirais os pecados do mundo, atendei-me, Senhor.

Cordeiro de Deus, que tirais os pecados do mundo, tende piedade de mim, Senhor.

Jesus, ouvi-me.

Jesus, atendei-me.

Senhor, atendei as minhas preces, e que o meu coração se eleve até Vós!

Nós Vos suplicamos, Senhor, que inspireis com a Vossa graça todos os nossos pensamentos e ações, para que encontrem em Vós seu princípio e sejam, pela intercessão de Santo Expedito, conduzidos com coragem, fidelidade e prontidão, em tempo próprio e favorável, a bom e ditoso fim, por Nosso Senhor Jesus Cristo.

Ó grande Santo Expedito, diante desta necessidade urgente, eu me dirijo a vós. Coloco todas as minhas esperanças na vossa intercessão. Eu vos imploro: protegei-me, socorrei-me e amparai-me, se Deus quiser.

Eu Vos rogo:

† Em nome do Pai Criador,
† Em nome do Cristo Redentor,
† Em nome do Espírito Santo Consolador,
† Em nome da Mãe de Deus, Rainha do Céu,
Amém!

ESCOLHA DE UMA PROFISSÃO

Não é fácil tomar a decisão certa e escolher um trabalho em que possamos nos sentir realizados e valorizados e com ele ganhar a vida honestamente. Podemos pedir ajuda na hora dessa escolha, com a qual nos comprometeremos por muitos anos.

SÃO JOSÉ é o santo padroeiro do trabalho, pois ele trabalhou arduamente na profissão de carpinteiro para alimentar Maria e Jesus.

Oração de abertura. Depois:

Ó Deus infinitamente bom, que por meio de uma Providência inefável escolhestes São José como pai adotivo do Vosso Filho e como casto esposo de Maria, concedei-nos a graça de ter como intercessor, junto a Vós no céu, aquele que honramos continuamente como nosso advogado poderoso e nosso constante consolador e protetor.

É o que nós Vos pedimos pelo Nosso Senhor Jesus Cristo. Amém.

São José, rogai por nós nos perigos e desgraças, nos acontecimentos infelizes e imprevistos, na pobreza e no infortúnio, em nossas doenças e enfermidades e na hora da nossa morte. Mas, antes dela, ajudai-nos a encontrar e a conservar um trabalho honroso, permitindo-nos viver honestamente e prover as necessidades da nossa família, se Deus quiser.

Nós Vos rogamos:

† Em nome do Pai Criador,
† Em nome do Cristo Redentor,
† Em nome do Espírito Santo Consolador,
† Em nome da Mãe de Deus, Rainha do Céu,
Amém!

ÊXITO EM PROVAS E CONCURSOS

Oração de abertura. Depois:

Senhor, atendei as minhas preces!

E que cheguem até Vós o meu clamor!

Ó meu Deus, Vós amais as crianças e as protegeis de uma maneira especial. Atendei-me quando eu Vos invoco para (*dizer o nome da pessoa*) ou para mim, candidato (a) da prova (ou concurso) (*dizer o nome do concurso ou do diploma almejado*).

Talvez seu coração tenha deixado de ser inocente, talvez o demônio tenha conseguido fazer com que ele(a) cometesse o mal e estragasse a beleza de sua alma.

Mas, Senhor, a Vossa misericórdia é infinita, e Vós amais perdoar!

Purificai, portanto, essa alma, ó Deus misericordioso; devolvei-lhe sua perfeita inocência.

Que a Vossa Bondade o(a) abrace com ternura; aumentai ao mesmo tempo sua inteligência, preenchei-o(a) com a Vossa luz celeste, Senhor, para que sua mente entenda e sua memória se lembre.

Ó Jesus, tende piedade de nós.

Ó Maria, que prodigastes tantos cuidados ao Menino Jesus, rogai por nós.

Ó glorioso São José, fiel guardião e pai adotivo do Menino Jesus, rogai por nós.

† Glória ao Pai Criador, Senhor soberano de todas as coisas,

† Glória ao Cristo Redentor, que ressuscitou dentre os mortos,

† Glória ao Espírito Santo Consolador,

† Glória à Mãe de Deus, Rainha do Céu,

Assim como era no princípio, agora e sempre, e por todos os séculos dos séculos. Amém.

GANHA-PÃO REGULAR

(Para pedi-lo)

Não só de pão vive o homem, mas de toda palavra que procede da boca de Deus. Amém!

Ó Senhor, lançai sobre nós a Vossa Luz!

Colocai alegria em nossos corações.

Que cresça o fermento.

Que jorre o leite.

Eu me deitarei e adormecerei em paz!

Pois Vós nos dais, Senhor, segurança em nossos lares.

Senhor, concedei-me um trabalho que me permita viver honestamente.

Quando Vos invoco, respondei-me, ó Deus de minha justiça!

Vós que, na hora da angústia, me reconfortais. Tende piedade de mim e ouvi minha oração.

Filhos dos homens, até quando tereis o coração endurecido pelo amor às vaidades e pela busca da mentira?

Não esqueçais que o Senhor fez maravilhas! O Senhor me ouviu quando O invoquei!

Tremei, mas sem pecar; refleti em vossos corações e arrependei-vos. Oferecei vossos sacrifícios* com sinceridade e esperai no Senhor!

---

* Como acender um círio ou uma vela em honra a Deus (um boa ação seria melhor ainda!).

Dizem muitos: Quem nos fará ver a felicidade?

Fazei brilhar sobre nós, Senhor, a luz de Vossa face. Pusestes em meu coração mais alegria do que quando abundam o trigo e o vinho. Apenas me deito, logo adormeço em paz, porque a segurança de meu repouso vem de Vós só, Senhor.

Senhor, não tardeis em socorrer-me!

Eu Vos peço:

† Glória ao Pai Criador,
† Glória ao Espírito Santo Consolador,
† Glória ao Filho Redentor,
† Glória à Mãe de Deus, Rainha do Céu,

Assim como era no princípio, agora e sempre, e por todos os séculos dos séculos. Amém!

PROFISSÃO

(Para trocá-la)

Não há nada pior do que não se sentir à vontade com o seu ofício (ou empresa). Não se deve hesitar em pedir orientação para mudar de profissão, mesmo nestes tempos difíceis.

SÃO MATEUS é um ótimo exemplo de alguém que muda totalmente de vida: coletor de impostos para o governo romano, ele encontra Jesus e se torna um de Seus apóstolos.

Oração de abertura. Depois:

Meu Senhor e meu Deus, eu sei que, apesar de todos os meus pecados e erros, Vós velais sobre mim como um pai indulgente e generoso. Vedes o quanto estou sofrendo no corpo, no coração e na alma por não me realizar no meu trabalho; o quanto é possível que eu tenha feito uma má escolha e o quanto isso me prejudica.

Permiti que eu saia deste caminho equivocado. Enviai Vossos anjos e Vossos santos para me guiar e ajudar a arrumar um emprego que me satisfaça, e eu Vos prometo uma luz em Vossa casa!

E Vós, São Mateus, que soubestes, por um único olhar e uma única palavra de Jesus, abandonar uma vida indigna para segui-Lo nos caminhos da fé, dai-me a coragem de sair deste emprego que está me destruindo e ajudai-me a encontrar e a obter um outro que me convenha. Amparai-me, se Deus quiser.

Eu Vos peço:

† Em nome do Pai Criador,
† Em nome do Cristo Redentor,
† Em nome do Espírito Santo Consolador,
† Em nome da Mãe de Deus, Rainha do Céu,
Amém!

SUCESSO DE EMPRESAS

Ao contrário da mentalidade vigente, não há vergonha nenhuma em ser bem-sucedido nos negócios, contanto que não seja em detrimento de outrem!

SÃO SERVÁSIO foi bispo de Tongres, na Flandres: alertado por uma mensagem divina, ele recebeu a missão de proteger relíquias de santos contra os hunos, que estavam invadindo a Gália.

Oração de abertura. Depois:

Deus Todo-poderoso e eterno, suplicamos-Vos humildemente que tenhais a condescendência de abençoar e proteger o(a) seu(sua) servo(a) (*dizer o nome da pessoa*), para que ele(a) possa realizar com sucesso o negócio que está empreendendo: *dizer o nome do comércio ou negócio.*

Nós Vos suplicamos, pelos méritos de Vosso Filho, Nosso Senhor Jesus Cristo, que vive e reina Convosco na unidade do Espírito Santo, assim como era no princípio, agora e sempre, e por todos os séculos dos séculos. Amém.

Ó Deus, vinde em meu auxílio!
Senhor, socorrei-me sem demora!

† Glória ao Pai Criador, Senhor soberano de todas as coisas,

† Glória ao Cristo Redentor, que ressuscitou dentre os mortos,

† Glória ao Espírito Santo Consolador,

† Glória à Mãe de Deus, Rainha do Céu,

Assim como era no princípio, agora e sempre, e por todos os séculos dos séculos. Amém!

Senhor, tende piedade de nós.
Jesus Cristo, tende piedade de nós.
Senhor, tende piedade de nós.

Pai nosso, que estais nos céus,
Santificado seja o Vosso nome.
Venha a nós o Vosso Reino.
Seja feita a Vossa vontade
Assim na terra como no céu.
O pão nosso de cada dia nos dai hoje,
Perdoai as nossas ofensas
Assim como nós perdoamos a quem nos tem ofendido,
E não nos deixeis cair em tentação
Mas livrai-nos do mal.

Nós Vos rogamos:

† Em nome do Pai Criador,
† Em nome do Cristo Redentor,
† Em nome do Espírito Santo Consolador,
† Em nome da Mãe de Deus, Rainha do Céu,
Amém!

Que a bem-aventurada Virgem Maria, nossa doce Mãe do Céu e Mãe Divina de todos os santos e santas, interceda por nós junto a Seu Filho Divino, Nosso Senhor.

Defendei-nos, Senhor, nós Vos suplicamos, de todos os perigos do corpo e da alma.

Que o socorro divino esteja sempre ao nosso lado.

Senhor, Vós me conheceis e ledes o meu coração e a minha alma como um livro aberto. Sabeis que a minha empresa (*dizer o nome dela, bem como da área de atividade*) é honesta e que o meu lucro me permite apenas alimentar a minha família. Fazei, por favor, Senhor, com que esta empresa se desenvolva ainda mais, sempre respeitando as Vossas Leis Divinas!

Abençoai o meu trabalho, Senhor, pois eu o exerço de todo o coração e com toda a minha alma, respeitando os outros. E Vós sabeis bem, Senhor, que sempre há um prato de comida para o pobre à minha mesa.

Abençoai-me, Senhor, e olhai com ternura o fruto do meu labor.

Eu Vos peço:

† Em nome do Pai Criador,
† Em nome do Cristo Redentor,
† Em nome do Espírito Santo Consolador,
† Em nome da Mãe de Deus, Rainha do Céu,
Amém!

TRABALHADOR(ES)

(Para a proteção)

Oração de abertura. Depois:

Ladainhas à SAGRADA FAMÍLIA (Jesus, Maria e José):

Eu vos imploro, ó glorioso São José, pelo coração de pai que Deus vos deu para Jesus e pelo coração de filho que Jesus teve por vós, que envolvais (*dizer o nome da pessoa*) com a vossa proteção salvadora.

Tende a condescendência, ó grande santo, de vos interessar pela sua felicidade aqui embaixo, apoiá-lo(a) em seu trabalho e prestar uma atenção especial à santificação de sua alma.

Torne, pela vossa intercessão, o céu favorável a ele(a); que, sob a vossa proteção, seu coração se torne alvo da benevolência de Jesus e de Maria!

Sede, em todas as situações, no presente e no futuro, seu guia, seu pai e seu amparo.

Obtende-lhe as graças que purificam as misericórdias que reerguem e os socorros divinos que fazem perseverar no bem e alcançar a coroa dos eleitos.

Tende a condescendência, pela vossa intercessão poderosa, de ajudá-lo(a) todo dia a santificar suas ações, suportar pacientemente suas penas e triunfar dos inimigos de sua salvação.

Enfim, obtende-lhe a felicidade de glorificar a Deus convosco pela eternidade!

Amém.

Senhor, tende piedade de nós.

Jesus Cristo, tende piedade de nós.

Senhor, tende piedade de nós.

Jesus Cristo, ouvi-nos.

Jesus Cristo, atendei-nos.

Pai Celeste, que sois Deus, tende piedade de nós.

Filho, Redentor do mundo, tende piedade de nós.

Santa Trindade, que sois um único Deus, tende piedade de nós.

Jesus, Filho do Deus vivo, que Vos fizestes homem por amor a nós, enobrecestes e consagrastes os laços de família, tende piedade de nós.

Jesus, Maria e José, que a língua de todos os séculos chama de "Sagrada Família", protegei-nos.

Sagrada Família, imagem da Augusta Trindade na terra, protegei-nos.

Sagrada Família, ornada de todos os dons da Graça, protegei-nos.

Sagrada Família, modelo perfeito de todas as virtudes, protegei-nos.

Sagrada Família, digna do amor de todos os corações, protegei-nos.

Sagrada Família, que, em Belém, fostes rejeitada pelos homens, mas saudada pelo concerto dos anjos, protegei-nos.

Sagrada Família, que recebestes as devotas homenagens dos pastores e os presentes dos Reis Magos, protegei-nos.

Sagrada Família, recomendada pelo velho Simeão, protegei-nos.

Sagrada Família, perseguida e exilada em uma terra estrangeira, protegei-nos.

Sagrada Família, que vivestes escondida e desconhecida em Nazaré, protegei-nos.

Sagrada Família, fidelíssima à Lei do Senhor, protegei-nos.

Sagrada Família, modelo de família regenerada pelo cristianismo, protegei-nos.

Sagrada Família, cujo Esposo era um modelo de desvelo paterno, protegei-nos.

Sagrada Família, cuja Esposa era um modelo de solicitude materna, protegei-nos.

Sagrada Família, cujo Filho era um modelo de obediência e piedade filial, protegei-nos.

Sagrada Família, santa padroeira e protetora de todas as famílias cristãs, protegei-nos.

Sagrada Família, nosso amparo durante a vida e nossa esperança na hora da morte, protegei-nos.

De tudo o que possa alterar a paz e a união dos corações, preservai-nos, ó Sagrada Família.

Do amor mundano e de seus perigos, preservai-nos, ó Sagrada Família.

Da dissipação do coração e do espírito, preservai-nos, ó Sagrada Família.

Da frouxidão no serviço de Deus, preservai-nos, ó Sagrada Família.

Da busca exclusiva de nosso conforto e comodidade, preservai-nos, ó Sagrada Família.

Do apego excessivo aos bens terrestres, preservai-nos, ó Sagrada Família.

Do vão desejo das aparências, preservai-nos, ó Sagrada Família.

De uma morte sofrida, preservai-nos, ó Sagrada Família.

Pela Vossa dulcíssima união, atendei-nos, ó Sagrada Família.

Pela Vossa pobreza e humildade, atendei-nos, ó Sagrada Família.

Pela Vossa profunda obediência, atendei-nos, ó Sagrada Família.

Pelas vossas provações e aflições, atendei-nos, ó Sagrada Família.

Pelas vossas alegrias e consolos, preservai-nos, ó Sagrada Família.

Pelos vossos trabalhos e cansaços, atendei-nos, ó Sagrada Família.

Pelas vossas orações e silêncios, atendei-nos, ó Sagrada Família.

Pela perfeição de todas as vossas ações, atendei-nos, ó Sagrada Família.

Cordeiro de Deus, que tirais os pecados do mundo, perdoai-nos, Senhor.

Cordeiro de Deus, que tirais os pecados do mundo, atendei-nos, Senhor.

Cordeiro de Deus, que tirais os pecados do mundo, tende piedade de nós, Senhor.

Jesus Cristo, ouvi-nos.

Jesus Cristo, atendei-nos.

Família Sagrada e Venerável, recorremos a Vós com amor e confiança.

Fazei-nos sentir os efeitos do vosso auxílio salvador.

Oremos. Adorável Trindade, que nos destes em Jesus, Maria e José a mais perfeita imagem de Vós mesma que pode existir na terra, tende a condescendência de nos conceder a graça de honrar tão dignamente essa venerável Trindade criada e de imitá-La tão fielmente em tudo. Que cheguemos felizmente ao céu para Vos louvar, ó Santíssima Trindade, com Jesus, Maria e José, por todos os séculos dos séculos.

Ó Sagrada Família, atendei-nos, protegei-nos e abençoai o nosso trabalho cotidiano, se Deus quiser.

Nós Vos rogamos:

† Em nome do Pai Criador,
† Em nome do Cristo Redentor,
† Em nome do Espírito Santo Consolador,
† Em nome da Mãe de Deus, Rainha do Céu,
Amém!

VOCAÇÃO

(Para descobri-la)

Trata-se de uma oração que podemos fazer o mais cedo possível na vida.

Oração de abertura. Depois:

Ó Deus, meu Criador e meu Pai, pertenço a Vós e só posso esperar de Vós as graças necessárias para operar a minha salvação, mas sinto, ao mesmo tempo, que seria uma temeridade contar com as graças da predileção em uma situação que eu abraçaria contra as Vossas finalidades.

Mostrai-me, portanto, ó meu Deus, o caminho no qual Vós quereis que eu ande; dai-me a sinceridade e a integridade de intenção que eu preciso ter para merecer ser atendido(a).

Como eu Vos serviria da forma mais fiel? Em que área eu seria capaz de trabalhar da maneira mais eficiente para a Vossa glória e a salvação da minha alma?

Assim que eu tiver conhecido os Vossos desígnios para mim, nada poderá me impedir de realizá-los, pois é justo que uma criatura obedeça ao seu Criador, e à ovelha não cabe fazer nada melhor do que seguir a conduta do seu pastor.

Meu Divino Salvador, Vós que dissestes que o Vosso alimento era fazer a vontade do Vosso Pai Celeste, concedei-me a graça de poder Vos imitar sendo perfeitamente fiel às vontades desse Pai infinitamente bom.

Fazei-me entrar naquele estado em que, por toda a eternidade, Sua divina misericórdia decidiu me salvar: é ali que me estão preparadas as abundantes e preciosas graças que Vós merecestes para os Vossos filhos ao morrer na cruz por nós.

Ó meu Salvador, atendei-me pela inefável caridade de Vosso divino coração!

Ó Maria, vós, que vos oferecestes ao serviço do Senhor de uma maneira que Lhe foi tão agradável que Ele vos favoreceu com a vocação mais sublime à qual uma criatura pode se elevar, eu imploro, com insistência, a vossa proteção materna para conhecer os desígnios de Deus para a minha alma.

Terna Mãe, eu vos entrego toda preocupação com o meu futuro, confio a minha vida inteiramente a vós.

Eu me entrego até mesmo por completo ao vosso coração materno. Sabeis que o meu espírito é pouco iluminado, meu coração é pouco digno de receber a graça do meu Deus.

Mas vós, Virgem poderosa, dissipareis minhas ilusões, apaziguareis a desordem das minhas paixões, calareis ao meu redor os vãos barulhos mundanos, e a voz do meu Deus é a única que será ouvida pelo meu coração.

Contando com o vosso auxílio, ó Maria, eu me ofereço com confiança ao bom grado do meu Criador, disposto(a) a Lhe responder como vós: "Eis aqui a serva (ou o servo) do Senhor. Faça-se em mim segundo Sua palavra!"

Eu Vos rogo:

† Em nome do Pai Criador,
† Em nome do Cristo Redentor,
† Em nome do Espírito Santo Consolador,
† Em nome da Mãe de Deus, Rainha do Céu,
Amém!

Outra:

Invocação a SANTA ÚRSULA, que viveu provavelmente no século V. De origem escocesa, foi prometida em casamento a um príncipe inglês; tendo feito voto de castidade, obteve a permissão de fazer uma peregrinação até Roma antes do casamento, acompanhada de onze mil virgens. Cobiçada por um chefe bárbaro em Colônia, na Alemanha, ela o recusou e foi morta por uma flecha. É pelo martírio que sofreu em nome de sua vocação que ela nos ajuda a descobrir a nossa.

Oração de abertura. Depois:

Ó Deus, que destes a Santa Úrsula uma força admirável quando ela sacrificou a própria vida por Vós, concedei-nos, ó meu Deus, pelos méritos e preces dela, a graça inefável de uma vida digna de Vós e de uma morte semelhante à da santa, para que possamos ser dignos das promessas de Jesus Cristo e gozar eternamente junto com ela da felicidade que Vós nos preparastes.

Nós Vos rogamos pelo Nosso Senhor Jesus Cristo. Amém.

Santa Úrsula, tão poderosa para nos socorrer diante de todas as nossas penas e tão disposta a nos ajudar a encontrar o nosso caminho e a nossa vocação, rogai por nós, iluminai-nos e prestai-nos auxílio para escolher uma vida digna das promessas de Jesus Cristo, se Deus quiser.

Nós Vos rogamos:

† Em nome do Pai Criador,
† Em nome do Cristo Redentor,
† Em nome do Espírito Santo Consolador,
† Em nome da Mãe de Deus, Rainha do Céu,
Amém!

AFASTAR A FALTA DE SORTE

Antes de qualquer coisa, é preciso se certificar de que seus problemas financeiros não têm uma origem perniciosa, se não são fruto de alguma má inclinação ou desordem. Hoje, as pessoas lançam mão até mesmo da magia negra como se fosse uma receita culinária, muitas vezes num ímpeto colérico. Os exorcismos, como o de Santo Antônio, ajudam a nos limpar nesse sentido. Então, é melhor não deixar de utilizá-los!

Por fim, quando os problemas se fazem presentes, é melhor saber recorrer aos intercessores convenientes.

CAUSAS DESESPERADAS

A santa mais eficiente para os casos desesperados é SANTA RITA. Seu verdadeiro nome era Margarita, tendo nascido em 1381, na Itália. Fez voto de virgindade aos doze anos de idade, mas seus pais a forçaram a se casar com um homem tirânico que a maltratava. Ela suportou tudo corajosamente, cuidando com abnegação de seus dois filhos. O marido foi assassinado e os filhos morreram devido a doenças. Ela entrou para o convento das agostinianas, onde viveu de maneira mística, levando na testa um estigma da coroa de espinhos de Cristo, o qual exalava um cheiro pestilencial e a fez sofrer terrivelmente até a morte. Mesmo assim, nada a impediu de curar muitos doentes.

Oração de abertura. Depois:

Senhor Jesus, que permitistes a Santa Rita distribuir inúmeras caridades, unimo-nos a ela para cantar os Vossos louvores, Vos bendizer e merecer a Vossa proteção especial.

Ó bem-aventurada Santa Rita, recomendamo-nos à vossa proteção especial; obtende-nos, pela vossa intercessão, o auxílio da vossa graça.

Nós vos suplicamos pelo Nosso Senhor Jesus Cristo. Amém.

Santa Rita, maravilhosa padroeira das causas desesperadas, rogai por nós, socorrei-nos, prestai-nos auxílio, se Deus quiser.

Nós Vos rogamos:

† Em nome do Pai Criador,
† Em nome do Cristo Redentor,
† Em nome do Espírito Santo Consolador,
† Em nome da Mãe de Deus, Rainha do Céu,
Amém!

CLIENTELA PERDIDA

(Para reconquistá-la)

Oração de abertura. Depois:

Invocação a SÃO JOSÉ, santo padroeiro do trabalho:

Ó Deus infinitamente bom, que por meio de uma providência inefável, escolhestes São José como pai adotivo do Vosso Filho e como casto esposo de Maria, concedei-nos a graça de ter como intercessor, junto a Vós no céu, aquele que honramos continuamente como nosso advogado poderoso e nosso constante consolador e protetor.

É o que nós Vos pedimos pelo Nosso Senhor Jesus Cristo. Amém.

São José, rogai por nós nos perigos e desgraças, nos acontecimentos infelizes e imprevistos, na pobreza e no infortúnio, em nossas doenças e enfermidades e na hora da nossa morte. Mas, durante o tempo que ainda me resta nesta terra, permiti-me viver convenientemente do meu trabalho. Não estou pedindo fortuna, mas sim uma retribuição justa da minha tarefa: minha clientela está fugindo sem razão; devolvei-a para mim, pois sabeis que o meu comércio é honroso, para que eu possa sustentar a minha família, assim como vós alimentastes a Sagrada Família que Deus vos entregou! Devolvei-me a minha clientela, a minha prosperidade e a felicidade de trabalhar, além da retribuição justa desse trabalho, se Deus quiser.

Nós Vos rogamos:

† Em nome do Pai Criador,
† Em nome do Cristo Redentor,
† Em nome do Espírito Santo Consolador,
† Em nome da Mãe de Deus, Rainha do Céu,
Amém!

Outra:

Oração de abertura. Depois:

Eu Vos ofereço, ó inocente Cordeiro, por *(dizer o próprio nome ou designar a pessoa)*, os novos ultrajes com os quais fostes atacado quando Vos levaram à casa de Caifás, onde Vossos inimigos, feito lobos furiosos, conspiravam para causar a Vossa morte.

Eu Vos ofereço a paciência com a qual suportastes os falsos testemunhos que apresentaram contra Vós aqueles homens ímpios, para oprimir a Vossa inocência.

Eu Vos ofereço a alegria do Vosso Coração Sagrado, no meio daquelas falsas afirmações que a raiva dos Vossos inimigos formulou contra Vós, e o amor que Vos levou a parecer criminoso diante dos homens para nos tornar justos e santos diante de Deus.

Eu Vos ofereço, ó Jesus, o respeito que demonstrastes pelo Santo Nome de Deus, quando, intimado pelo sumo sacerdote a dizer se éreis o Messias, Filho de Deus, respondestes que éreis, embora esta resposta Vos custasse a vida.

Eu Vos ofereço a extrema humilhação pela qual passastes ao ser oprimido por ter dito a verdade e ao ver as Vossas palavras, que são as da vida eterna, serem consideradas blasfêmias dignas do suplício final.

Eu Vos ofereço, ó mais belo dos filhos dos homens, o tormento que o desprezo aviltante pela Vossa adorável pessoa Vos fez sofrer, quando Vos entregaram à insolência dos soldados que Vos trataram como o mais culpado e abjeto dos mortais.

Eu Vos ofereço a doçura e paz de espírito que conservastes quando, tendo-se tornado o brinquedo dos Vossos inimigos, fostes por eles desprezado e coberto por um véu de ignomínia, com o qual eles Vos taparam os olhos, dizendo-Vos: "Adivinhai, ó Cristo: quem te bateu?"

Eu Vos ofereço, ó bom Jesus, a aflição dolorosa que a negação de Pedro Vos causou e a terna compaixão que Vos fez lançar sobre esse discípulo um olhar de misericórdia, olhar este que o fez perceber seu erro e chorar amargamente.

Eu Vos ofereço, por fim, todas as dores e humilhações que tivestes de aguentar pelo resto daquela noite triste e fatal, bem como todas as disposições do Vosso coração unicamente ocupado em nos reconciliar com o Vosso Pai e fazer com que mereçamos Suas misericórdias.

Senhor Deus, que nos destes o trabalho para suprir as necessidades da nossa família, fazei com que o comércio que eu pratico com honestidade me seja favorável em abundância, se Deus quiser.

Eu Vos rogo:

† Em nome do Pai Criador,
† Em nome do Cristo Redentor,
† Em nome do Espírito Santo Consolador,
† Em nome da Mãe de Deus, Rainha do Céu,
Amém!

DESEMPREGO

A demissão e o desemprego podem se tornar uma espiral infernal, na qual se sucedem depressões que acarretam fracassos e vice-versa.

SÃO HONORATO é o santo padroeiro dos padeiros e doceiros, mas também de todos aqueles que se veem sem emprego — decerto porque, tendo de celebrar a missa, ele se viu sem hóstias, isto é, "sem ferramentas de trabalho", e incapaz de realizar sua tarefa. Porém, mediante uma intervenção do Cristo, acabou por encher o cibório de hóstias consagradas. É por isso que podemos invocar São Honorato quando perdemos o emprego.

Oração de abertura. Depois:

Meu Senhor e meu Deus, recorro a Vós diante da minha aflição: Vós, que abençoais a labuta cotidiana das nossas mãos, que a recompensais com um justo preço, eis-me desprovido(a) dessa tarefa e dessa honra.

Eis-me sem emprego, vergonha para mim e para a minha família, a qual eu não posso mais alimentar ou vestir.

Meu Senhor e meu Deus, fazei com que, por meio da intervenção dos Vossos anjos e dos Vossos santos (e, em especial, de São Honorato), eu arrume de novo e o mais rápido possível um emprego.

E vós, grande São Honorato, lembrai-vos da aflição pela qual passastes quando, prestes a celebrar a missa, não havia mais hóstias para as vossas ovelhas.

Lembrai-vos da vossa angústia apavorante, olhai a minha quando eu me desespero e me sinto terrivelmente humilhado(a) e abandonado(a).

São Honorato, protetor dos desempregados, que as minhas preces se elevem até vós: não me deixeis no desespero do desemprego!

Ajudai-me a encontrar novamente um trabalho e fazei com que as minhas competências sejam reconhecidas.

São Honorato, eu acredito na vossa benevolência, acredito na vossa solicitude, acredito na vossa misericórdia. Assim como Nosso Senhor não quis privar os vossos fiéis de alimento espiritual, fazei com que a minha família e eu mesmo(a) reconquistemos uma vida tranquila; não estou pedindo riqueza e poder, mas sim respeito e dignidade!

São Honorato, por favor, intercedei junto a Nosso Senhor Jesus Cristo, nosso Deus misericordioso e Todo-poderoso, para que as minhas preces sejam ouvidas e atendidas. Amém!

Piedade Divina, rogai por mim, prestai-me auxílio, ajudai-me a arrumar novamente um bom emprego, se Deus quiser.

Eu Vos peço:

† Em nome do Pai Criador,
† Em nome do Cristo Redentor,
† Em nome do Espírito Santo Consolador,
† Em nome da Mãe de Deus, Rainha do Céu,
Amém!

DÍVIDAS

(Para se livrar delas)

Ver: USURÁRIOS

GANÂNCIA

Estamos falando, é claro, da ganância dos outros, pois é comum pessoas cobiçarem os nossos bens e, às vezes, fazerem de tudo, mesmo as coisas mais imorais, para tomar de nós o que temos.

Invocamos o apóstolo SÃO MATEUS: quando Cristo o chamou para segui-Lo, ele trabalhava como coletor de impostos para os romanos, que ocupavam a Palestina com uma incrível ferocidade — do que pode-se concluir o quanto os "colaboradores", como Mateus, eram malvistos. Jesus justificou Sua escolha junto aos outros apóstolos afirmando que não viera para chamar os justos, mas sim os pecadores.

Oração de abertura. Depois:

Grande São Mateus, em quem o Senhor depositou toda a Sua confiança, eu vos invoco com fé e sinceridade para que me presteis o vosso auxílio e me concedais a vossa intercessão junto ao Todo-poderoso.

Fazei com que os gananciosos, sejam eles banqueiros, administradores ou outros, acolham as minhas solicitações com benevolência e me concedam o que eu lhes peço.

Fazei com que as pessoas que cobiçam os meus bens e desejam a minha ruína sejam privadas de todo poder pelo próprio Deus e punidas severamente.

Bem-aventurado São Mateus, apóstolo e evangelista, escutai a minha prece e fazei com que uma resposta positiva me seja dada.

Este pedido não está sendo feito com um objetivo mercantil, nem para satisfazer ambições orgulhosas!

São Mateus, que conheceis o valor das coisas, atendei à minha prece sincera e pura.

Não agirei, de forma alguma, com mentira, egoísmo ou desejo de dominação com relação aos outros.

Não trairei, de forma alguma, o Senhor que eu venero e ao qual permanecerei fiel por todos os séculos dos séculos.

Eu Vos peço:

† Em nome do Pai Criador,
† Em nome do Cristo Redentor,
† Em nome do Espírito Santo Consolador,
† Em nome da Mãe de Deus, Rainha do Céu,
Amém!

INFORTÚNIO

Oração de abertura. Depois:

Ó Deus soberanamente bom, criador da Luz, que a fizestes brilhar para regular a duração dos dias e que começastes por ela a criação do mundo, eu Vos suplico, não me deixeis vaguear em meio às trevas.

Senhor, o meu coração não está cheio de orgulho e os meus olhos não enxergam mais alto do que devem.

Eu não busco coisas magníficas, nem o que é elevado demais.

Se eu não for humilde e se eu for orgulhoso(a), que eu seja como a criança que acaba de ser desmamada de sua mãe.

Israel depositou sua esperança no Senhor para sempre.

Senhor, protegei-me do infortúnio e da ruína.

Eu me coloco com confiança sob a Vossa proteção; escutai a minha prece; que o meu clamor chegue a Vós, Senhor. Socorrei-me!

Eu Vos peço:

† Em nome do Pai Criador,
† Em nome do Cristo Redentor,

† Em nome do Espírito Santo Consolador,
† Em nome da Mãe de Deus, Rainha do Céu,
Amém!

Outra:

Salvai-nos, Senhor, pois desaparecem os homens piedosos e a lealdade se extingue entre os homens!

Uns não têm para com os outros senão palavras mentirosas; adulação na boca, duplicidade no coração.

Que o Senhor extirpe os lábios hipócritas e a língua insolente!

Àqueles que dizem: "Dominaremos pela nossa língua, nossos lábios trabalham para nós, quem nos será senhor?" Responde, porém, o Senhor: "Por causa da aflição dos humildes e dos gemidos dos pobres, levantar-me-ei para lhes dar a salvação que desejam."

As palavras do Senhor são palavras sinceras, puras como a prata acrisolada, isenta de ganga, sete vezes depurada!

Vós, Senhor, haveis de nos guardar, defender-nos-eis sempre dessa raça maléfica.

Porque os ímpios andam por todos os lados, e a vileza se ergue entre nós. Sois Vós que, na profundidade da Vossa Sabedoria, multiplicais para nossa provação esses filhos dos homens.

Nós Vos rogamos:

† Em nome do Pai Criador,
† Em nome do Cristo Redentor,
† Em nome do Espírito Santo Consolador,
† Em nome da Mãe de Deus, Rainha do Céu,
Amém!

MALEFÍCIOS E FEITIÇOS

(Para se proteger e se libertar deles)

SÃO BENTO é especialmente famoso por ter fundado a Ordem Beneditina no século VI, valendo-se de uma disciplina muito rígida, segundo a qual os monges trabalhavam nos campos e nas hortas para serem autossuficientes. Reputado por guardar os cemitérios e por nos proteger do mal, ele ajuda a nos libertarmos de todos os nossos males, inclusive do endividamento.

Oração de abertura, depois:

Grande São Bento, guardião do cemitério e defuntos, guardai-me como vós os guardais, preservai-me de toda desgraça, de todo acidente e, principalmente, contra os meus inimigos.

São Bento, São Bento, São Bento, parti, parti, parti, ide à casa dos meus inimigos, entrai em seus lugares mais secretos, derrubai os candeeiros, quebrai as correntes, rompei as cordas, quebrai os feitiços que estão sendo preparados contra mim, embaralhai todos os seus malefícios para que recaiam sobre eles. Eu vos ofereço um "Pai-nosso" (*recitá-lo*) e uma "Ave-maria" (*recitá-la*) para as almas do purgatório. Concedei-me o que estou vos pedindo, se Deus quiser.

Pois eu Vos peço:

† Em nome do Pai Criador,
† Em nome do Cristo Redentor,
† Em nome do Espírito Santo Consolador,
† Em nome da Mãe de Deus, Rainha do Céu,
Amém!

MISÉRIA

Invoca-se SANTA GERMANA COUSIN. Ela nasceu no ano de 1579 em Pibrac, perto de Toulouse, na França, no seio de uma família de camponeses extremamente pobres. Perdeu a mãe muito nova, e o pai, viúvo, casou-se com uma megera, que perseguiu a pequena Germana, de saúde fragilíssima, impondo-lhe os trabalhos mais pesados e humilhantes. Ao ser acusada de roubar comida para os mais infelizes, ela abriu seu avental, de onde saíram rosas.

Oração de abertura. Depois:

Meu Senhor e meu Deus, Vós nos destes os santos e as santas como modelos de virtude e como intercessores. Fazei com que, pela vida exemplar e pela intercessão de Santa Germana Cousin, minhas preces cheguem até os Vossos pés divinos; lançai sobre a minha miséria e o meu desespero um olhar favorável, para que a minha fé em Vós e na Vossa misericórdia seja recompensada.

Santa Germana, que suportastes com submissão e coragem as piores humilhações, intercedei por mim, que não tenho a vossa abnegação e a vossa fé. Eu sou fraco(a), ó doce Santa Germana, e a miséria me apavora, mas tenho em vós uma imensa confiança. Sei que levareis até

Deus e o Nosso Senhor Jesus Cristo a minha súplica e fareis o necessário para que ela seja atendida.

Santa Germana, que conhecestes a pior das misérias, rogai por mim, protegei-me e deste sofrimento libertai-me, se Deus quiser.

Pois eu vos peço:

† Em nome do Pai Criador,
† Em nome do Cristo Redentor,
† Em nome do Espírito Santo Consolador,
† Em nome da Mãe de Deus, Rainha do Céu,
Amém!

PERDA DE BENS

Invoca-se SANTA ANA, mãe da Virgem Maria.

Oração de abertura. Depois:

Gloriosa Santa Ana, cheia de bondade por aqueles que vos invocam, cheia de compaixão por aqueles que sofrem, vendo-me esmagado(a) por preocupações e penas, atiro-me aos vossos pés, suplicando-vos humildemente que coloqueis sob a vossa proteção a questão que me angustia. Eu a recomendo a vós urgentemente e vos rogo que a apresenteis à vossa filha, a Santíssima Virgem Maria, e à Majestade Divina de Jesus Cristo, a fim de obter para mim uma solução favorável.

Não deixeis de interceder, eu vos suplico, até que o meu pedido seja atendido pela Divina Misericórdia. Amém.

Santa Ana, tão solícita diante de todos os que sofrem e vos imploram com confiança, rogai por nós, protegei-nos, bem como os nossos bens terrestres, sem os quais podemos resvalar na ruína e no desespero, se Deus quiser.

Nós Vos rogamos:

† Em nome do Pai Criador,
† Em nome do Cristo Redentor,
† Em nome do Espírito Santo Consolador,
† Em nome da Mãe de Deus, Rainha do Céu,
Amém!

POBREZA

(Contra a sua e a dos outros)

Oração de abertura. Depois:

Elevamos nossas almas até Vós, Senhor, entregamo--nos a Vós para não nos afogarmos no tumulto.

Não queremos, absolutamente, ser motivo de chacota para os nossos inimigos.

Os que cometem erros sem remorso serão punidos.

Fazei-nos conhecer a Vossa estrada, Senhor, bem como os Vossos caminhos.

Sois o nosso Salvador e o nosso Deus, guiai-nos e levai-nos à Verdade.

Vossas bondades, Senhor, bem como Vossas misericórdias, são infinitas; lembrai-Vos delas, Senhor, mas não Vos lembreis dos nossos pecados e ignorâncias.

Na Vossa bondade e misericórdia, lembrai-Vos de nós, Senhor.

Sois bom e mostrais o caminho certo ao pecador perdido, pois ele conduz os bons e os humildes até a justiça.

Todos os que obedecem aos Mandamentos do Senhor seguirão os Seus caminhos, que representam misericórdia e fidelidade.

Perdoai a minha iniquidade, Senhor, pois ela é grande! O Senhor mostra a quem O teme o caminho que o fiel deve escolher. A alma dele descansará em paz, e seus descendentes receberão a terra em herança.

Os que temem o Senhor receberão Seu apoio.

Nossos olhos estão constantemente voltados para o Senhor; somos pobres e esquecidos: olhai-nos, Senhor, e tende piedade de nós.

Salvai-nos da nossa aflição, pois nossas angústias estão aumentando!

Vede, Senhor, o número dos nossos inimigos e o ódio injusto que eles alimentam contra nós: salvai-nos, Senhor, e guardai nossas almas. Depositamos em Vós a nossa confiança; esperamos em Vós; libertai-nos, Senhor, de todas as nossas angústias.

Ó Deus, que Vos declarais protetor de todos os que esperam em Vós e sem o qual não há no homem nem força, nem santidade, fazei-nos sentir cada vez mais os efeitos da Vossa misericórdia, e fazei-nos passar felizmente dos bens perecíveis desta vida aos bens eternos que Vós nos prometeis.

Nós Vos pedimos em nome do Nosso Senhor Jesus Cristo, que, sendo Deus, vive e reina Convosco, na Unidade do Espírito Santo, por todos os séculos dos séculos. Amém.

Ó Deus, que nos deixastes uma eterna lembrança da Vossa paixão, concedei-nos a graça de honrar os divinos mistérios do Vosso corpo e do Vosso sangue, de uma maneira que nos torne dignos de sentir continuamente em nossa alma os frutos da Vossa morte por nós na cruz, ó divino Salvador do mundo, que viveis e reinais com Deus Pai, na Unidade do Espírito Santo, por todos os séculos dos séculos. Amém.

Senhor, não nos trateis de acordo com os pecados que já cometemos; não nos devolvais o que as nossas ofensas merecem.

Senhor, não Vos lembreis dos nossos erros passados; não tardeis em nos precaver com a Vossa misericórdia, pois estamos reduzidos a uma extrema pobreza.

Prestai-nos auxílio, ó Deus, que sois o nosso Salvador.

Perdoai os nossos pecados, pela maior glória do Vosso nome.

Senhor, fazei com que a pobreza não afaste as nossas almas e corações das Vossas benfeitorias e que a abundância jorre a cada instante em nossas vidas, pela maior glória do Vosso nome.

Nós Vos rogamos:

† Em nome do Pai Criador,
† Em nome do Cristo Redentor,
† Em nome do Espírito Santo Consolador,
† Em nome da Mãe de Deus, Rainha do Céu,
Amém!

PROBLEMAS JURÍDICOS

SANTO IVO pode ajudar eficientemente, uma vez que é o santo padroeiro dos homens da lei (advogados, oficiais de justiça, banqueiros, etc.). Ele viveu na Bretanha, França, e dedicou seus talentos de jurista ao auxílio dos mais vulneráveis.

Oração de abertura. Depois:

Santo Ivo, protetor dos pobres em suas atribulações com a justiça, tende a bondade de interceder junto ao Nosso Senhor para que Ele escute as minhas preces.

Confiante na vossa generosidade e benevolência, entrego-me a vós, pois sei que não me deixareis no sofrimento, desespero e penúria material.

Santo Ivo, homem de bem, justiça e honestidade, ajudai-me a reconquistar a minha dignidade. Ajudai-me a fazer valer o meu direito na justiça, vós, que sois o santo padroeiro dos homens da lei.

Acreditai na sinceridade e pureza do meu pedido; não ofenderei, de forma alguma, o Todo-poderoso por um abuso de poder orgulhoso e material.

Santo Ivo, deposito em vós todas as minhas esperanças e presto homenagens ao Senhor com toda sinceridade do meu coração. Amém.

Eu Vos peço:

† Em nome do Pai Criador,
† Em nome do Cristo Redentor,
† Em nome do Espírito Santo Consolador,
† Em nome da Mãe de Deus, Rainha do Céu,
Amém!

USURÁRIOS, MAUS BANQUEIROS E CREDORES

(Para se proteger e se libertar deles)

Oração a SÃO FREDALDO contra os oficiais de justiça e os riscos de expulsão

Oração de abertura. Depois:

Meu Deus, recorro à Vossa misericórdia.

Senhor, socorrei-me sem demora!

Pois os oficiais de justiça já estão batendo à minha porta e querem me jogar para fora da minha habitação.

Fazei, ó meu Deus, pelos méritos de São Fredaldo, de cuja sepultura dez bois não o conseguiram tirar, que eu seja protegido(a) e socorrido(a) nesta terrível desgraça.

São Fredaldo, que recebestes de Deus uma graça especial para conservar em seu lugar as vossas relíquias, rogai por mim neste perigo, socorrei-me na aflição financeira em que me vejo, mesmo que eu seja responsável por ela, e preservai-me do rigor dos oficiais de justiça e de suas leis, se Deus quiser.

Eu Vos suplico:

† Em nome do Pai Criador,
† Em nome do Cristo Redentor,
† Em nome do Espírito Santo Consolador,
† Em nome da Mãe de Deus, Rainha do Céu,
Amém!

Ver também: GANÂNCIA

NO JOGO

Cabe a Deus decidir o caminho mais eficiente e legítimo para que cheguem até você as quantias necessárias (que não são obrigatoriamente as que estão sendo pedidas), caso seja proveitoso para a salvação da sua alma.

Não há nada que o impeça de pedir auxílio material, assim como não há nada de intrinsecamente errado nos jogos, desde que sejam legítimos e não prejudiquem ninguém.

DINHEIRO

(Para uma necessidade urgente)

A pobreza e a indigência não estão nos desígnios de Deus. O dinheiro em si não é nem bom, nem mau. Ele é o que nós fazemos dele. O dinheiro deve circular; o seu fim não é o acúmulo.

Oração de abertura. Depois:

Bendito sois Vós, meu Deus, por ser infinitamente rico e ter feito do dinheiro um sinal da Vossa abundância, visto que disseste: "A prata e o ouro me pertencem." Sois Vós que fazeis o rico e o pobre, é de Vós que provêm a riqueza e a glória,

Deus, meu Pai, Vós prometestes que não me deixaríeis e não me abandonaríeis.

Vós sois a fonte da minha riqueza, provedes magnificamente às minhas necessidades, pois satisfazeis todos aqueles que esperam em Vós. Vós lhes dais o alimento no tempo certo, abres a Vossa mão e os saciais à vontade.

Por favor, meu Deus, dá-me o dinheiro e tudo o que me for necessário para viver sem preocupação e realizar a Vossa vontade através dos meus atos,

Santo Antônio de Pádua, que fizestes voto de pobreza e ajudou a Igreja de Roma a redistribuir aos mais pobres suas imensas riquezas, fazei com que eu também tire proveito das riquezas lícitas, pois falta-me a força de vontade e a vocação para a pobreza radical nesta época em que o dinheiro é o dono do mundo! Salvai-me da ruína, grande Santo Antônio, e eu prometo fazer bom uso do que vós quiserdes me enviar na urgência em que estou,

Eu Vos rogo:

† Em nome do Pai Criador,
† Em nome do Cristo Redentor,
† Em nome do Espírito Santo Consolador,
† Em nome da Mãe de Deus, Rainha do Céu,
Amém!

ORAÇÃO PARA JOGAR BEM

Existem poucas orações adequadas a este hábito social, ao passo que há uma série de práticas ilícitas para tentar manipular o acaso.

Oração de abertura. Depois:

Senhor, mostrai-me todos os bons sinais e enviai-me os arcanjos para que eles me indiquem como jogar bem e honestamente, por Aquele que há de julgar os vivos e os mortos e os séculos pelo fogo. Amém.

+ 3 *Pais-nossos* e 3 *Ave-marias*

Direção editorial
Daniele Cajueiro

Coordenação geral
Maristela Ciarrocchi

Editor responsável
Hugo Langone

Produção editorial
Adriana Torres
Mônica Surrage
Mariana Oliveira

Copidesque
Laís Alcantara

Revisão
Daniel Borges do Nascimento
Luiz A. Werneck Maia

Diagramação
DTPhoenix Editorial

Projeto gráfico
Filigrana

Capa
Maquinaria Studio

Este livro foi impresso em 2016, para a Petra.
O papel do miolo é avena 80 g/m²,
e o da capa é cartão 250g/m².